BEI GRIN MACHT SICH IHR WISSEN BEZAHLT

AF149029

- Wir veröffentlichen Ihre Hausarbeit, Bachelor- und Masterarbeit

- Ihr eigenes eBook und Buch - weltweit in allen wichtigen Shops

- Verdienen Sie an jedem Verkauf

Jetzt bei www.GRIN.com hochladen und kostenlos publizieren

Anne-Kathrin Petri

Der Rattenfänger von Hameln: Bewertung als didaktisches Material für den Literaturunterricht in der Grundschule

GRIN Verlag

Bibliografische Information der Deutschen Nationalbibliothek:

Die Deutsche Bibliothek verzeichnet diese Publikation in der Deutschen National-
bibliografie; detaillierte bibliografische Daten sind im Internet über http://dnb.d-
nb.de/ abrufbar.

Impressum:

Copyright © 2013 GRIN Verlag GmbH
Druck und Bindung: Books on Demand GmbH, Norderstedt Germany
ISBN: 978-3-656-51150-2

GRIN - Your knowledge has value

Der GRIN Verlag publiziert seit 1998 wissenschaftliche Arbeiten von Studenten, Hochschullehrern und anderen Akademikern als eBook und gedrucktes Buch. Die Verlagswebsite www.grin.com ist die ideale Plattform zur Veröffentlichung von Hausarbeiten, Abschlussarbeiten, wissenschaftlichen Aufsätzen, Dissertationen und Fachbüchern.

Besuchen Sie uns im Internet:

http://www.grin.com/

http://www.facebook.com/grincom

http://www.twitter.com/grin_com

Erziehungswissenschaftliche

Fakultät – Fachgebiet Grundlegung

Deutsch

Analyse und Beurteilung eines didaktischen

Materials im Bereich Kinderliteratur

„Der Rattenfänger von Hameln" (Sage)

(In: Kohl, Rüdiger: Mit Märchen, Fabeln und Sagen Lesen lernen. Kerpen: Kohl Verlag

2002)

Seminar „Einführung in die Deutschdidaktik"

B PEB 2012 PEB G 100 # 01

Sommersemester 2013

30.06.2013

Von:

Anne-Kathrin Petri

Bachelor – Hauptstudienrichtung: Primare und Elementare Bildung,

Nebenstudienrichtung: Anglistik/Amerikanistik,

2. Fachsemester

Inhaltsverzeichnis

1. Einleitung

Der Literaturunterricht in der Grundschule wird durch zwei grundlegende Ziele dominiert. Zum einen dem „Konzept der Leseförderung", bei dem es darum geht, die Grundlagen des Lesens zu erlernen, sowie eine stabile Lesehaltung auszubilden. Zum anderen dem „Konzept des literarischen Lernens", mit dessen Hilfe Fantasie und Vorstellungskraft, sowie literarisches Grundverständnis gefördert werden und die Kinder somit für Literatur begeistert werden sollen.

Ein elementares Ziel des Literaturunterrichtes in der Grundschule stellt also die „Ausbildung einer stabilen Lesemotivation" (Richter 2007, S. 7) dar. Wie und ob dieser Vorsatz mit Hilfe der frequentiert verwendeten Sage Der Rattenfänger von Hameln, welche 2002 vom Kohl Verlag aufgearbeitet wurde, realisiert wird, soll im Folgenden analysiert werden.

2. Inhaltlicher Abriss der Sage

Erstmals 1816 im Werk „Deutsche Sagen" unter dem Originaltitel „Die Kinder zu Hameln" erschienen, stellt die Sage nach den Kinder- und Hausmärchen eine der frühen Publikationen der Gebrüder Grimm dar.

Das Geschehen trägt sich im Jahr 1284 zu, als ein fremder Mann in die von Ratten und Mäusen geplagte Stadt Hameln kommt. Dieser gibt sich als Rattenfänger aus und die Bürger versprechen ihm sogleich einen Lohn für die Beseitigung der lästigen Tiere. Als er seine Pfeife nimmt und darauf spielt, kommen umgehend sämtliche Ratten und Mäuse aus ihren Verstecken und folgen ihm zur Weser, in der sie schlussendlich ertrinken. Befreit von der Plage bereuen die Bürger Hamelns jedoch den versprochenen Lohn und verwehren jenen dem Rattenfänger, welcher darauf verschwindet. Einige Zeit später kommt er allerdings erneut nach Hameln und spielt auf seiner Pfeife. Nun folgen ihm aber keine unerwünschten Tiere, sondern die Kinder der Stadt. Er bringt sie aus der Stadt zu einem Berge. Nur zwei von ihnen kehren zurück, die restlichen 130 Kinder bleiben verschollen.

3. Analyse des Sinnpotentials

Der Rattenfänger von Hameln ist eine der populärsten deutschen Sagen, welche mittlerweile in über 30 Sprachen übersetzt wurde (vgl. Decker 2010). Der Protagonist symbolisiert hierbei einen zwar „wunderlichen", aber doch gutmütigen Menschen, welcher gegen ein kleines Zubrot seine Arbeit verrichten will. Als die Bürger der Stadt dann jedoch gesehen haben, wie einfach ihm das möglich war- sie hatten eine weitaus härtere Arbeit seinerseits erwartet- versagten sie ihm aus Geiz seinen Lohn. Dies stellt den Hauptkonflikt der Sage dar, schließlich versprachen jene dem Rattenfänger zu Beginn Geld für seine Arbeit und nur aus zweifelhaften Gründen entbehrten sie ihm dieses. Diese Problematik ist in der heutigen Zeit noch sehr aktuell, das Verhalten vieler Menschen ist auch heutzutage von Geiz geprägt. Schlussendlich ist es nicht von Bedeutung, auf welche Art und Weise jemand sein Werk vollbringt, hauptsache er tut es und das Ergebnis ist zufriedenstellend.

Der Rattenfänger zieht gedemütigt davon, will das Ganze aber nicht auf sich sitzen lassen und Rache an den Hamelnern verüben. So kehrt er zurück und entführt auf dieselbe Art und Weise, wie er die Ratten vertrieb, die Kinder der Stadt.

Diese Sage wird von zwei Hauptakteuren, dem Rattenfänger auf der einen und den Bürgern der Stadt Hamelns auf der anderen Seite, geprägt. Der Rattenfänger wird hierbei als ein gutmütiger Wandersmann dargestellt, welcher gewillt ist, den Bürgern bei der Vertreibung der Tiere zu helfen, dafür gerechterweise aber auch eine Entlohnung verlangt. Dass er sich für die Verweigerung seines Lohnes an den Bürgern mit der Entführung ihrer Kinder rächt, erscheint sehr grausam. Ob dies vollends gerechtfertigt ist, bleibt allerdings fraglich. Möglicherweise wäre es ausreichend, die Ratten wieder zurück in die Stadt zu bringen. Die Einwohner Hamelns verkörpern die von Geiz und Eigensinnigkeit geprägte Gesellschaft. Zunächst sind sie bedürftig und benötigen die Unterstützung des Fremden. In dieser Situation versprechen sie ihm auch die monetäre Entschädigung für seine Arbeit. Aus der Notsituation befreit, sehen die Bürger jedoch keinen Grund mehr, dem Rattenfänger sein Geld zu geben.

Die Symbolik der Sage und der den Kindern zu vermittelnde Inhalt bestehen darin, dass Versprechen eingehalten werden müssen, und nicht aus banalen Gründen gebrochen werden dürfen. Geiz wird hierbei als negative Eigenschaft herausgestellt.

Der Erzählstil wird durch einen allwissenden Erzähler realisiert und ist aufgrund der Verwendung vieler Adjektive als sehr bildhaft, kindgerecht und einprägend zu charakterisieren.

Es wäre sinnvoll unter der Verwendung dieses Textes im Literaturunterricht das Ziel des „literarischen Lernens" zu verfolgen, auf dessen Basis Vorstellungsvermögen und Feingeist für literarische Werke gefördert werden.

4. Analyse und Beurteilung der didaktischen Materialien

Ein erstes Augenmerk muss auf die Überschrift des im Kohl Verlag erschienenen Materials gerichtet werden. Mit dem Titel „Mit Märchen, Sagen & Fabeln lesen lernen" wird suggeriert, dass ein primäres Konzept der Erwerb der fundamentalen Kompetenz des Lesens ist. Die Reduzierung des Literaturunterrichtes auf diese Inhalte ist jedoch unangebracht, vielmehr sollten auch „Grundlagen auf der motivationalen Ebene" (Richter 2007, S. 17) geschaffen werden, welche den Kindern Spaß am Lesen bringen.

Es gibt für den Lehrer keinerlei Handreichungen beziehungsweise Informationen, in welcher Klassenstufe das Material behandelt werden soll. Einzig „Lösungen zur Selbstkontrolle" (Kohl 2002, Titelblatt) sind vorhanden, welche die Lehrkraft unnötig machen und die Kompetenzen jener in Frage stellen.

Desweiteren ist festzustellen, dass es sich bei dem ausgewählten Material nicht um die Originalsage der Gebrüder Grimm handelt, sondern um eine stark vereinfachte Variante. Charakterisierende Ausschmückungen durch Adjektive, welche dem Original die Raffinität verleihen, werden im vorliegenden Material eingespart, beziehungsweise durch einfachere ersetzt. So ist der Protagonist im Original ein „wunderlicher Mann", der in einem „Rock von vielfarbigem, bunten Tuch" gekleidet war. In der Version des Kohl Verlages handelt es sich im Gegensatz dazu lediglich um einen „fremde[n] Mann, der seltsam aussah und eine ebenso seltsame, bunte Tracht trug". Zunächst einmal geht dabei der poetische Reiz verloren und zusätzlich entsteht das Risiko, dass die Kinder solch schlichte Geschichten ohne jegliche Ausschmückung überhaupt wahrnehmen wollen (vgl. Richter 2007, S. 21). Schließlich sind es jene, die die Fantasie und Vorstellungskraft der Schüler sowohl fordern, als auch fördern. In der 2001 erhobenen Erfurter Studie zur Lesemotivation wurde herausgestellt, dass „Kinder keineswegs banale Geschichten bevorzugen" (Richter 2007, S. 10).

Ein weiteres Problem im vorliegenden Material besteht darin, Gefahr zu laufen, den Kindern das inhaltliche Eindringen in die Geschichte zu erschweren und sie zu unterfordern. Denn im Text werden teilweise überflüssige Phrasen verwendet, die jedem Kind ohnehin klar sein sollten. So werden die Bürger und Politiker der Stadt, welche dem Rattenfänger seinen Lohn entbehren wollen, zusätzlich mit den Worten „geizig wie sie waren" charakterisiert. Ferner wird wiederholend erwähnt, dass der Rattenfänger „Wort gehalten [hatte]", indem er das Ungeziefer aus der Stadt vertrieb. Somit wird die Vorstellungskraft und das Schlussfolgerungsvermögen der Schüler kaum gefordert und die Gefahr besteht, dass sie sich so gut wie nicht mit der Geschichte auseinandersetzen. Die Tatsache, ob dies unter Verwendung des Originaltextes geschehen würde, ist fraglich. Da dieser den meisten Kindern bekannt ist, könnten sie sich schnell gelangweilt und unterfordert fühlen. Der Anspruch des Unterrichtes, Literatur als kulturelles Gedächtnis der Gesellschaft zu vermitteln (vgl. Richter 2007 S. 3), ist allerdings nur erfüllbar, „wenn die Vermittlungsprozesse auf hohem Niveau erfolgen" (Richter 2007 S. 3).

Die erste sich an den Text anschließende Aufgabe besteht in der Suche der Stadt Hameln in einem Atlas. Hierbei ist festzustellen, dass sich der Schüler direkt nach dem Lesen gedanklich noch in der Handlung befindet und sich mit der Symbolik der Sage auseinandersetzt. Er wird durch die Aufgabe also aus seinen, den Text betreffenden, Gedanken gerissen. Diese sind jedoch von großer Wichtigkeit und fördern das logische Denken, genauso wie das Schlussfolgerungsvermögen und die Fähigkeit zur Interpretation. Positiv an dieser Aufgabe zu bewerten ist der fächerübergreifende Aspekt, der in der Schulbildung von großer Relevanz ist und den Allgemeinwissenserweb der Kinder unterstützt. Sinnvoll wäre es meiner Meinung nach, diese Aufgabe an den Schluss des Materials zu stellen. Nachdem die auf das Verständnis des Textes bezogenen Aufgaben bearbeitet wurden, können sich die Schüler besser mit der Suche einer Stadt im Atlas auseinandersetzen und haben den Text auch gedanklich schon ausreichend aufgearbeitet.

Der nächste und auch gleichzeitig größte Teil des Arbeitsblattes schließt sich in Form eines Lückentextes an. Die dazugehörige Aufgabe, welche darin besteht, den Text „sorgfältig" durchzulesen, suggeriert, dass es primär darum geht, den Lückentext ausfüllen und die betreffenden Wörter im Text finden zu können. Viel wichtiger sollte aber das inhaltliche Eintauchen in die Sage und Verstehen der verwendeten Symboliken und Konflikte sein. Ein bei der Erfurter Studie zur Lesemotivation befragtes Kind antwortete beispielsweise, am Lesen sei besonders gut, dass man „so richtig in die Geschichte eintauchen kann" (Richter 2007, S.21). Desweiteren ist festzustellen, dass die im Lückentext verwendeten Sätze annähernd gleich im durchzulesenden Text wiederzufinden sind. Hierbei besteht die Gefahr, dass Lesen „als instrumentalisierte Tätigkeit und als Weg zum allgemeinen Wissenserwerb begriffen wird und die Literarizität und die besonderen Funktionen künstlerischer Literatur aus dem Blick geraten" (Richter 2007, S.4f). Die Kinder lesen den Text also nur im Hinblick auf die herauszufilternden Informationen mit der Intention des Wissenserwerbs, wobei allerdings die literarische Schönheit aus dem Blick gerät. Gute Schüler werden höchstwahrscheinlich unterfordert und suchen den Text auf die in den Lückentext einzutragenden Worte ab, anstatt sich noch einmal inhaltlich mit dem Stück auseinanderzusetzen. Für lernschwache Schüler, die Probleme haben, Informationen aus einem Text zu entnehmen, ist es andererseits möglicherweise das richtige

Anforderungsniveau. Hierbei ist auch wieder auf die fehlende Information zu Klassenstufe, in der das Material verwendet werden soll, hinzuweisen. Ein Schüler in der vierten Klasse kann schon viel besser lesen und Informationen filtern, als ein Kind, welches die Klasse zwei besucht.

Die darauf folgende Aufgabe fordert die Kompetenz der Schüler zum freien Schreiben heraus. Sie sollen Gründe dafür finden, dass der Rattenfänger die Stadt Hameln so schlimm bestraft hat. Hier wird also die Kreativität und Vorstellungskraft gefördert. Zudem wird der Hauptkonflikt der Sage, welcher, wie bereits erwähnt, darin besteht, Kindern Geiz als schlechte Eigenschaft zu Vermitteln, aufgearbeitet. Das bedeutet, dass sich die Schüler mit dem Inhalt und den Symboliken der Sage auseinandersetzen, dementsprechend in den Text eintauchen müssen. Von daher ist diese Aufgabe als positiv und nützlich einzustufen.

Die abschließende Aufgabe besteht aus einer Verständigung mit dem Tischnachbarn über die vorangegangene Aufgabe. Gefundene Gründe sollen dabei verglichen und abgewogen werden. Hierbei müssen die Schüler die Diskussion selber führen, ohne dabei von einer Lehrkraft angeleitet zu werden. Meiner Meinung nach könnten die Schüler damit überfordert sein, sich gegenseitig nicht ausreden lassen und nicht auf den anderen eingehen. Dabei muss allerdings erneut der Aspekt der fehlenden Altersangabe für das Material berücksichtigt werden. Je älter die Kinder werden, desto mehr verfügen sie über die Kompetenzen, die effektives Diskutieren ermöglichen. Dieses Gespräch könnte man eventuell unter Anleitung des Lehrers im Klassenverband führen. Dann wäre garantiert, dass eine ordentliche Diskussion entsteht und jeder, der etwas zu sagen vermag, auch zu Wort kommt.

5. Fazit

Zusammenfassend ist herauszustellen, dass zwar die Entwicklung der Lesefähigkeiten und Lesefertigkeiten trotz allem eine zentrale Aufgabe im Grundschulunterricht bleiben (vgl. Richter 2007, S. 20), es aber ebenso von großer Wichtigkeit ist, dass „Lesen zum Erlebnis wird" (Richter 2007, S. 20). Daher ist es didaktisch nicht sinnvoll einen Text wegen der leichteren Zugänglichkeit für Kinder zu vereinfachen. Denn nicht nur die Wahrnehmung des Sinnpotentials, als auch ästhetischer Facetten, lassen nach, sondern ebenso die Zugänge zu Poesie und Literatur im Allgemeinen (vgl. Richter 2007, S. 21). Es ist vielmehr sinnvoller, dass „der Erwerb von Lesefähigkeiten und Lesefertigkeiten auf der einen und von Lesemotivation und ästhetischer Genussfähigkeit auf der anderen Seite (vorerst) auf getrennten Wegen" erfolgt (Richter 2007, S. 20).

All diese grundlegenden Konstatierungen finden allerdings im Material des Kohl Verlages keine Umsetzung. Aufgrund des unterschiedlich hohen Anforderungsniveaus der Aufgaben innerhalb des gesamten Materials kann es keiner Klassenstufe eindeutig zugeordnet werden und ist insofern als ungeeignet für den Literaturunterricht in der Grundschule einzuschätzen.

Literaturverzeichnis

Decker, Susanne (2010): Welcher historische Hintergrund steckt hinter der Rattenfänger-Sage? Online im Internet: URL: http://www.planet-wissen.de/natur_technik/tier_und_mensch/ratten/wissensfrage_rattenfaenger.jsp (28.06.2013)

Richter, Karin: Kinderliteratur im Literaturunterricht der Grundschule. Befunde – Konzepte – Modelle, Baltmannsweiler, Schneider Verlag Hohengehren, 2007.